D0579551

JEUX DE VILAINS

SCÉNARIO ET DESSIN : MIDAM
COULEURS : ANGÈLE

DUPUIS

www.kidpaddle.kidcomics.com

D.1996/0089/91
ISBN 978-2-8001-2254-0
© Dupuis, 1996.
Tous droits réservés.
Imprimé en Belgique.
R.3/2007.
www.dupuis.com

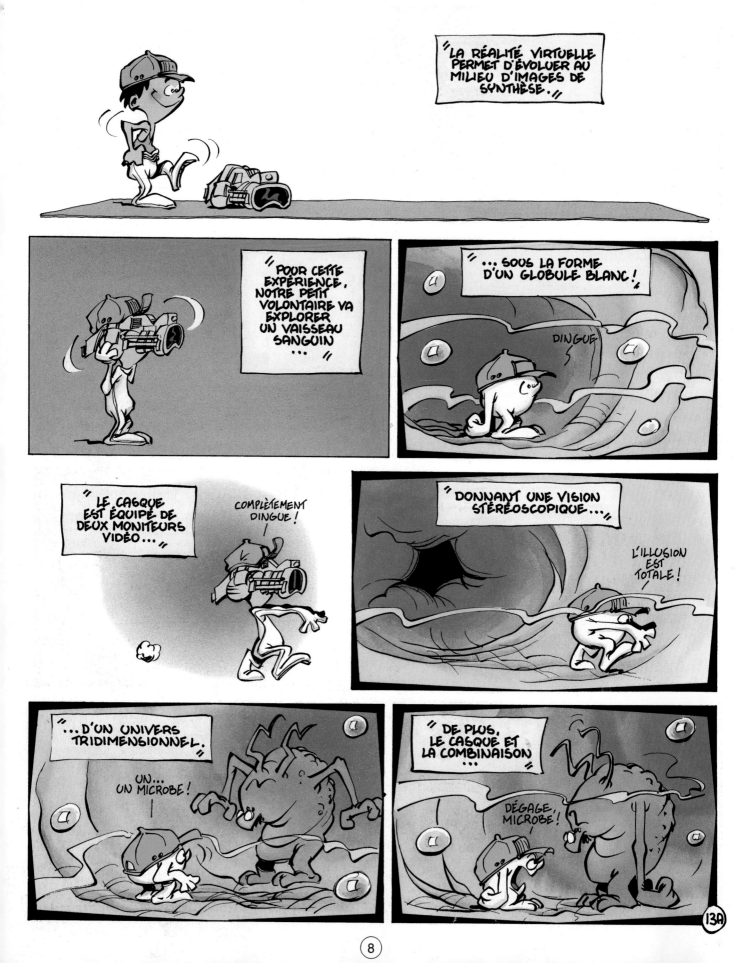

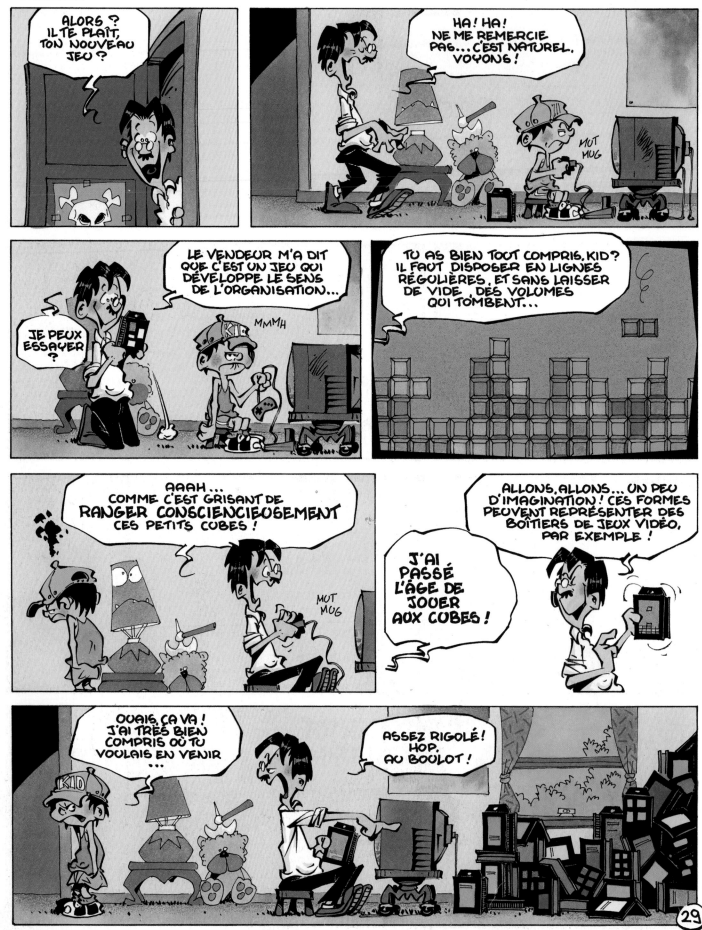

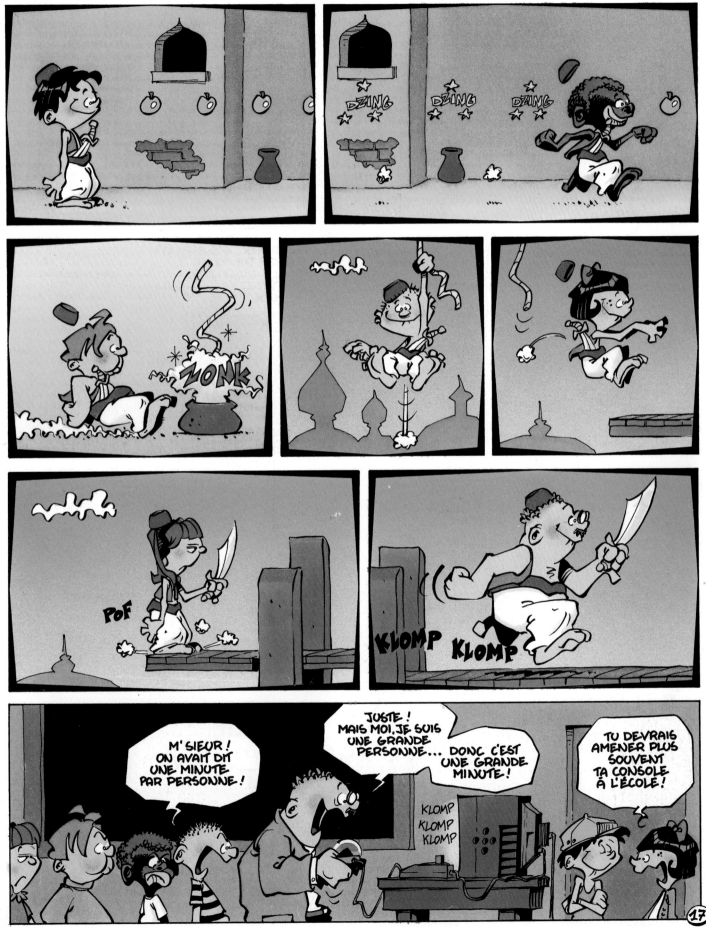

32

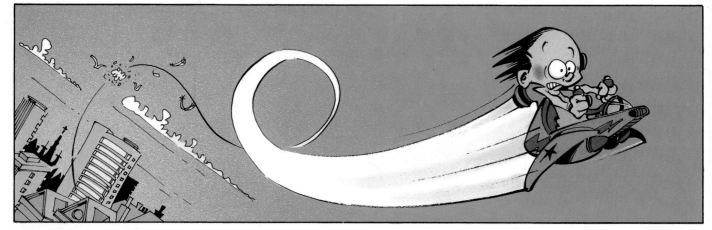

EUH...TU CROIS PAS QUE TU EN FAIS UN PEU TROP ?

FROUTCH

WHAAAA

FUMP

FUMP

㊲

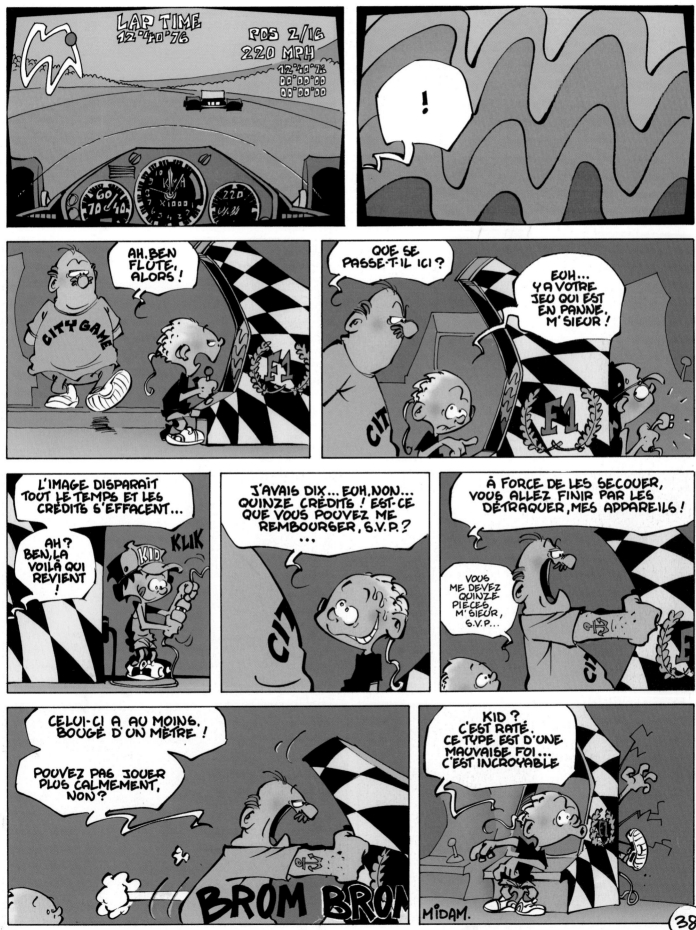

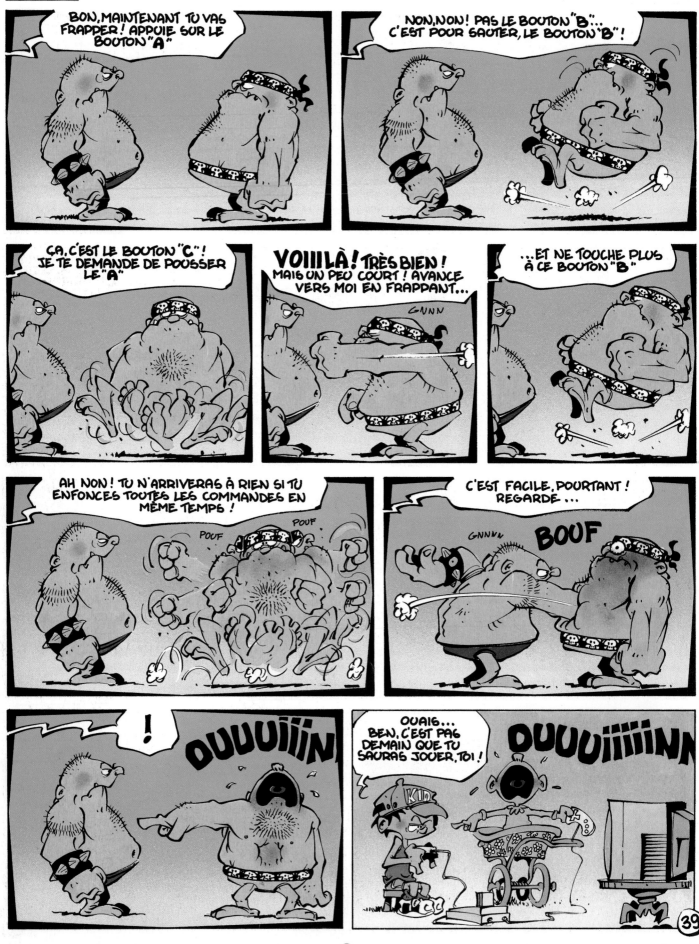

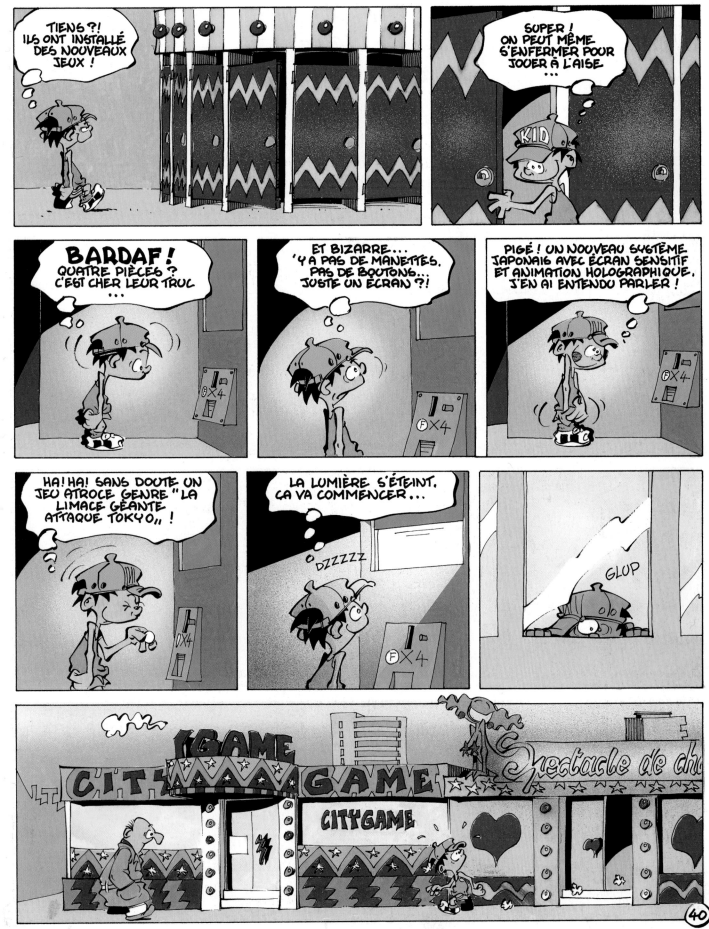

MIDAM.

55B

LE SERIAL PLAYER
SÉVIT CHAQUE SEMAINE DANS

ET SUR

SPIROU.COM